HORMIGUERO

Title: Hormiguero

ISBN-10: 1940075297
ISBN-13: 978-1-940075-29-7

Design: © Ana Paola González
Cover & Image: © Jhon Aguasaco
Author's photo by: © Carlos Aguasaco
Editor in chief: Carlos Aguasaco
E-mail: carlos@artepoetica.com
Mail: 38-38 215 Place, Bayside, NY 11361, USA.

Sergio Andruccioli

Hormiguero

artepoética
press

Nueva york, 2015

Confusión

de *Federico García Lorca*

Mi corazón
¿es tu corazón?
¿Quién me refleja pensamientos?
¿Quién me presta
esta pasión
sin raíces?
¿Por qué cambia mi traje
de colores?
¿Todo es encrucijada?
¿Por qué ves en el cielo
tanta estrella?
Hermano, eres tú
O soy yo?
¿Y estas manos tan frías
son de aquél?
Me veo por los ocasos,
y un hormiguero de gente
anda por mi corazón.

A mis padres

Índice

Agradezco profundamente:

A Carlos Aguasaco, por brindarme generosamente la oportunidad de publicar mi primer libro de poemas. Por su paciencia.

A Yrene Santos por su poesía y amistad, por su risa franca y su enorme cariño, por abrirme las puertas de su casa y de su maravillosa familia, por su generoso trabajo en este libro en mágicas y trasnochadas veladas de vino y poesía.

A mis padres por su amor incondicional y su apoyo constante en todas mis aventuras y desventuras, siempre.

A mi hermano Luis Alday y a mi segunda madre María Eugenia Vannini, por estar siempre presentes, por todo.

A todos mis amigos, los de mi infancia que aún conservo, los que llegaron luego, los de aquí y los de allá, por suavizar asperezas y ayudarme a volar.

A mis profesores de Florida International University, en especial a Florence L. Yudín, María Asunción Gómez y Ricardo Castells, por su pasión por la literatura, por su dedicación y generosidad, por su ética y conducta académica.

To Sharon Golding, my first teacher in the US yesterday, one of my best friends today.

A Alicia Duarte, por años felices.

A Pablo García Gámez, Julián Castro y su cariñosa mamá Lety por ayudarme a aterrizar en Nueva York.

A Víctor "Chino" Santos y su familia; a todos y cada uno de ellos por su desbordante hospitalidad y por hacerme sentir en familia en Nueva York.

A Lía Schwartz, por la oportunidad brindada y a Isaías Lerner por el placer literario de haber sido su alumno.

A Margarita Drago y Franklin Gutiérrez por brindarme mi primera oportunidad de enseñar en Nueva York.

A Cecilia Ciccone, Vivian Deangelo, José de la Rosa y Tomás Galán, por el tiempo que generosamente me regalan.

A mi tía Nora y mi prima María Elena.

A todos ellos y por todos ellos nacen y vuelan estos sentidos versos. Ojalá que les gusten.

Gracias!!!

Sergio

Sergio Andruccioli: Unas palabras para un primer libro

Los poemas son mágicos cuando se puede saborear cada palabra que los conforman. Ellos se unen con la pasión que les impregna el carpintero que los diseña y cuando pone la sapiencia, la dedicación y la energía en cada uno de sus tramos. Las palabras se convierten en una euforia, una angustia; en un canto de sosiego o en una guerra del cuerpo y del alma que enfrentan una alegría, una tristeza; un amor, un desamor; un retozo o cierto miedo o timidez.

La poesía está hecha de palabras que el carpintero; en este caso el poeta va escogiendo para hacer cada una de sus habitaciones, para vivir y morir al mismo tiempo, para reir y llorar en los caminos que recorre cada día. Palabras con las que traza la ruta de su libertad.

Sergio Andruccioli, argentino, de Buenos Aires, poeta de la cotidianidad se pasea en la espesura de su pasión, que es construir su reino con su pensamiento, su conocimiento, el amor a los versos, a los diálogos, a la narración, al análisis. Este poeta citadino hoy se presenta como el carpintero que ha terminado una casa (la primera de muchas que edificará en el trayecto de sus días, en este mundo que le ha concedido un espacio y un tiempo para que edifique su destino.

Andruccioli se trajo su Buenos Aires en el corazón y en su pensamiento para abrirse como un pájaro de alas muy grandes y volar en otros espacios, nadar en otras aguas, dejar sus huellas en otras tierras y "echar raíces; lo que me cuesta tanto," dice el poeta.

El autor de *Hormiguero* no miente, solo algunos de los personajes en sus poemas dan cabida a la mentira cuando el amor o la amistad es traicionado en todos los ámbitos, pero

Sergio tiene seis columnas para agarrarse a la vida y a sus sueños. Hoy agradece al cielo azul, a las playas hermosas e infinitas, a las personas que le brindan su amistad y su ternura, en el poema que cierra esta casa de versos. Él juega con las ideas, con las palabras, se hace cómplice de poetas, artistas, amigos, también de la noche con su claro–oscuro movimiento,

En los cuarenta y seis poemas que conforman este libro, Andruccioli agradece con su canto al universo, a la vida, a sus seres más amados y a personas muy queridas y respetadas. Él sabe que haciendo estos reconocimientos encuentra para sí mismo un aliento, una cura a sus desamores y desengaños; halla una liberación a sus silencios 'antiguos' porque en el presente no existe la ocultación, el disimulo. En la actualidad se rebela ante lo que cree injusto y cruel.

Recibamos este primer libro de Sergio, internémonos en su *Hormiguero* para saber cómo lo ha construido y qué alimento podemos encontrar que sirva para enriquecernos.

Yrene Santos
Enero 2015, New York

I PALABRAS

Polonio: -¿Qué estáis leyendo?
Hamlet: - Palabras, palabras, todo palabras.

EL GRAN BARDO

No supo que atrapó las palabras
Antes de que tuvieran
Un significado y un significante.
Caminó descalzo por universos que iba creando
Descifró serpenteantes laberintos
Del corazón de los hombres
Y supo hablar desde las voces
De campesinos aristócratas
Animales pájaros.
Una caterva de reyes
Con precisión perfiló con su pluma
Las ambigüedades y contradicciones
Pasiones bajas y sublimes
Ambiciones y traiciones de los hombres
Y sus sentimientos en singular métrica con música
Capturó como nadie.
Cinco siglos después
En todo el mundo se sigue leyendo
Anonadados reivindicamos la condición humana
Mediante su legado que nos conmueve
Y nos recuerda la sustancia de la que estamos hechos.

NOMBRE

Atrapado en seis letras
Aquí estoy
Desde entonces
Desde siempre
Donde todos creen conocerme.
¿Cuántos Sergios caben en seis letras?
Y sin embargo siempre ven al mismo.
Aquí yazgo
Proyecto máscaras que realizan actos
Mientras me escondo
En seis letras
Esperando.

LENGUA

¿Qué haces con la lengua?
El lingüista: -La describo
El gramático: -La prescribo
El traductor: -La convierto
El autor: -La creo
El poeta: -La lengua soy yo.

Fiesta

Me ofreció una copa de vino
Envuelta en una mirada gris
Extendí mi mano ignorando
Las posibles consecuencias
Mis labios se humedecieron
Sentí el suave tibio vino en mi garganta.
Un conjuro latía en los vasos y en el aire
Baco con mucha atención vigilaba
Como una anfitriona de gala
La noche se perpetuó
Y Eros protagonizó una magnífica entrada.

MENTIRAS

Mentiras se acumularon a lo largo del camino
Parecían amables amigas pero eran impostoras que
Con histriónica destreza desempeñaban su papel.
Me sedujeron sus despliegues de generosidad y encanto
Sus pequeñas vanidades y su orquestada teatralidad
Los devaneos que disimulaban dudas y culpas
Y por qué no, una infinita ternura que sin saberlo
Propiciaba un carácter caprichoso.
Mentiras se acumularon
Me acariciaron me castigaron
No les guardo rencor aunque
Cuando me detengo sangran mis heridas.
Será por eso tal vez
Que me cuesta tanto echar raíces en cualquier lugar
Ellas siempre acechan
Me seducen con sus vanidades
Y artificios de actriz de consumado arte.
No puedo dominarlas, ni echarlas o ignorarlas
Ellas siguen ahí acechando con vehemencia
Mientras yo trato de encontrar un camino
Donde mis pasos no las escuchen
O donde al menos
Sus palpitantes latigazos no logren alcanzarme.

MARCIO Y SU MENTIRA

Marcio llegó al mundo con una mentira bajo el brazo
Mentira reemplazando un pan
Por años consumida por él y su familia
Marcio no supo que la traía con él
Hasta muchos años después.
Cuando la conoció
Como un héroe trágico comprendió su destino
Lo aceptó sin dudas ni recelos ni rencores
Caminó conversando con sus fantasmas de siempre
Y se perdió buscando la sinceridad de la noche
Palabra que recién empezaba a conocer.
Después de todo
Pensamos que tal vez pensó
Que no era demasiado tarde.

MENTIRAS MUTUAS

Sé que mientes: me lo dice el timbre de tu voz
Careces de astucia y te contradices: ardo por dentro
Debo decir que es más benévolo conmigo.
Quisiera controlar mi rabia
Conversar, hacer el amor
Fingir que nada ha pasado.
Algo perturba mi serenidad
Delatando tu mentira
Mientras una ola de pretextos
Silencia la mía.
El vino, el calor parecen cómplices en este diálogo
Acepto el juego: soy un actor sin texto
Quiero aniquilarlas
Silenciar monólogos
Atrapar la atracción inicial
Cuando ilusiones y proyectos
Desplazaban nuestros engaños.

CANSANCIO

A veces se cansa de estos ajetreos de corral
De los trámites absurdos y senderos vacios
De palabras dichas sin emoción
De desamores que encontró en su camino
Y de las eternas mentiras que acechan como sombras.
Dicen que es poeta
Pero él no lo cree
Sigue coleccionando metáforas y sueños
Aromas colores sonidos amigos.
Hay momentos que se cansa
Cuando sus fantasmas lo invaden
Llenándolo de dudas y soledades
Poeta descarriado quizá maldito
No atina a encontrar la salida de este laberinto
Ni a entender ni a vencer sus fantasmas.

ATRAPAR

Algo nos une con vehemencia
Intento atrapar tus designios cuando duermes
Una oleada de ternura y deseo me quema.
Hay una ansiedad que me habita
Sofocándome
El aire escaso se esconde en las dudas que me asaltan
O que la impaciente ansiedad me arroja
Me vence y no sé dónde me pierdo buscándote.

FUGAZ

Me despierto en tus brazos en silencio
Penumbras y mudas preguntas
Abrigándonos la cálida noche.
La ciudad y el mar fueron cómplices
Derribamos el umbral del pasado
Pronto amanecerá y seremos historia.
Entonces recordaremos un olor
Una caricia suave
Un gemido.
El mar y su brisa narrarán historias
Un verano sin fin deleitará recuerdos
Amanecemos juntos por única vez
Te contemplo en silencio
El hechizo engendra
Despóticos momentos que se evaporan
Como el sueño
Como los insectos en la madrugada
Como la pasión
Que huye mientras amanece.

CELOS

En una semana arrastré mis culpas
Por mis impulsos que te lastimaron.
Fue difícil borrar tu enojo
Tu dolor, tu desconfianza
Pero mi empeño se impuso y de a poco
Fui ganándome otra vez tu confianza.
Siento que todo es otra vez posible.
Mirándote
Vuelvo a creer en la ilusión primera
Que vislumbro agazapada en tus ojos tristes.

No sucumbió

No sabían de qué
Pensaban que se moría
Que era mal de amor viejas comadronas decían
Deambulaba, vegetaba, existía.
Las aguas rebasaron y lo inundaron todo
Se pudrieron las cosas mundanas
Los recuerdos vitales
Las esperanzas los sueños
las metáforas y la ilusión.
El no sabía o no quería nadar
Sucumbió a las aguas sucias de la memoria
Al abandono y al desamor.
Y cuando todos se habían olvidado de él
Renace y vuelve cantando
Con un nuevo poema
Que una generosa Musa le dicta
Y un camino por delante al que nada pregunta
Camina piensa escribe ama.

DECISIÓN

Que la madrugada que acusa
Nuestros destinos poéticos inciertos
Sea quien decida nuestro rumbo

¿QUIÉN?

¿Quién me ha revelado intimidades
Cuando alguien me susurra
Tu nombre en la noche?

VERDAD

La verdad era valiente
Pero la mentira fue astuta.
La impostora la despojó de la palabra
De su espacio
Y de la atención de los demás.
Supo generar confianza con embelecos y artificios.
A la verdad la venció su timidez
Y sin que nos diéramos cuenta
De manera sutil se apartó
Con refinados modales se hizo a un lado.
Rumores claman que
En algunas conciencias aun sobrevive
Y tiene una trémula voz.
Pero para la mayoría es una imprecisa extraña
Furtiva
Fugaz desconocida
Ignorada
Pasada de moda.
A veces de impotencia llora en silencio
Tan solo unos pocos la oyen.
La impostora entonces celebra su triunfo
Con personalidades que le sonríen y la adulan.
El silencio se apiada de la verdad
Y ahí nace una tímida esperanza.

ZAPATOS ROJOS

Ella caminó en silencio
Precipitándose sobre sus pensamientos
Que una confusión mal intencionada le dictaba.
Ella cruzó la avenida
Y se perdió en el tumulto de la gran ciudad
Ignorando y siendo ignorada en silencio caminó pensando
Confundiéndose sus zapatos rojos con otros zapatos y pasos
Murmullos
Respiraciones
Ajetreos y carreras sórdidas
Entre indiferentes desconocidos.
Apagándose va sensual un martilleo rojo
Mimetizándose
Con urbanos sonidos y colores
Ahogándose en laberintos de cemento recalentado.
Dobló la esquina
y se perdió para siempre.

YA TE OLVIDÉ

Vuelvo a caminar sin la pesada carga de tu nombre
Sin la añoranza de tus ojos tus manos tu mirada y tus silencios
La vereda que juntos recorrimos
No reconoce mis tibios pasos
Será tal vez porque ya no me muevo con cautela ni tristeza
Porque pude despojarme de todo lo que sentí por vos
Y del dolor que me quedó en las manos vacías cuando partiste
Me creció otra piel más fuerte
Menos vulnerable
Que no te recuerda porque no te conoció.
Me detengo al pasar en lugares compartidos donde fui feliz
Los miro con indiferencia
Esta piel me protege
Y me impulsa a retomar mis pasos perdidos
Ya no importa
Ya te olvidé.

OJALÁ

En la capital del mundo
Nos reímos con amigos en el happy hour
En nuestros pequeños laberintos bebemos
Y parecemos felices. Pero mientras tanto
Las imágenes se suceden
Y a mí me queda grabada
Una foto terrible de un niño sangrando
Que un adulto desesperado lleva en brazos.
Ella esclavizó mi mente.
Mis amigos en el bar ríen beben parlotean
Taciturno los contemplo y me dicen que me olvide
De mis penas de amor. Que pequeñas mis penas
Comparadas con esa foto que desde aquí
Parece imprecisa y ajena.
Mis amigos tratan de animarme
No sospechan que hoy me duele
La foto de ese niño que no conozco
Su dolor perforando esa imagen mutilada por los bombardeos.
Ojalá esta guerra no fuera verdad
No sé si medito o sollozo.
Ojalá tanta sangre
Dolores
Fotos
Niños
Armas

Fueran tan solo un sueño dantesco
Zozobra de alguna mórbida lectura.
Ojalá
No
Fuera
Verdad.

NOCHE DE VERANO

"¿Hacia dónde vagáis ahora señor espíritu?"
Puck, *Sueño de una noche de verano*. Shakespeare.

Una poción mágica que a mi boca llevo
Y en la soledad de una noche de verano
Ingiero sin miradas ni medidas
Ni reproches.
Mágica
Me subyuga en encantos
No me importa.
Noche de verano.
Noche de un sueño de verano
En que una poción mágica bebo sin censurarme
Sin cuestionarme
Qué sucederá mañana.

II ENCUENTROS

ENCUENTROS

Encuentros que suceden a lo largo del viaje
A veces sin que nos demos cuenta
O tal vez los percibimos cuando ya hemos pasado
esa estación
Ese lugar donde hubiéramos querido detenernos
para tener un hijo
Para leer un libro mirar las nubes
Esperar poder escribir un verso
O navegar en sus ojos.
También están los encuentros que no llegan a
concretarse
Des-encuentros que caminan por las horas distantes o ausentes
Víctimas de olvidos o de rencores no cicatrizados
Que impiden un final feliz o un reencuentro.
Encuentros casuales (o causales)
Mórbidos tímidos tiernos promiscuos
Románticos desechables o inolvidables
Voy a tu encuentro junto al río
Con la brisa que ignora la desazón
De corazones agobiados por sus anónimos destinos
Mientras los insectos vuelan sin rumbo
Más felices que los hombres.

ENCUENTRO CON UNA POETA

Ella me inspiró a lanzarme por un precipicio
Mis devaneos se estrellaron con su determinación
Atrás quedaron mis eternas indecisiones
Ella me impulsó sin que me diera cuenta
A lanzarme como si no tuviera dudas o temores.
Ella
Impredecible poeta del Cibao
Me impregnó su locura
Con versos libres y erráticas metáforas
Caminando por la Roosevelt una madrugada
En el corazón mismo de Jackson Heights.

ENCUENTROS CITADINOS

Hoy me levanto temprano
Recorro caminos recorridos
En otras horas
Con otros pasos.
Los edificios adquieren una perspectiva diferente
Con el cambio de luz.
El bullicio de la gente
Compagina el ritmo de la ciudad que despierta
Una vendedora de tamales
Otra de flores
Y uno muy joven de café
Un borracho trasnochado que perdió la madrugada
Un perro perdido
Un mendigo solitario
Una prostituta olvidada en la esquina.
La gente en masas anónimas abarrota los trenes
Los fantasmas descoloridos parecen no saber
Si van o regresan de su rumbo incierto.
La ciudad cambia de rostros
Y su fauna de circo en bancarrota
Dirige esta anárquica comparsa.
Un carnaval decadente y anónimo
Guía este barco a la deriva
Con una brújula embriagada
Por la desesperación y el vacío.
Encuentros que serán olvido o desencuentros
Cuando mañana nuevamente
Recorramos estas calles sin sentido.

ENCUENTROS CAMPESTRES

Un arcoíris de aromas
Polen trigo césped
Húmeda tierra roja
Vacas y terneros rumiando indiferentes
Laguna estancada por la ausencia de brisa
Condensando los olores de la tarde
Como si pidieran no ser olvidados.
Las abejas vuelan enloquecidas
Tal vez creen que mañana no habrá flores
Mientras las hormigas siguen su camino trazado
Y parecen hombres desdichados.
Los pájaros tampoco tienen calma
Y nos regalan melodías para consolarnos.
Me encuentro con especies coloridas
Caminando un camino desolado
Un encuentro inusitado en esta tierra roja y solitaria.

Encuentro invisible

A Erica Mendelsohn

Sentado en Riverside
Un libro de poemas me brinda compañía
La tarde se despide indiferente de los parques
De las hojas y del río.
Hay un movimiento muy lento
Dentro del gran ritmo que aturde
Pero pasa inadvertido y fugaz
Sólo los insectos y las flores lo perciben
Y las plantas o las rocas
O los seres diminutos
Invisibles
Escondidos en la hierba o en el aire
Para quienes ese movimiento
Debe ser una fuerza abrasadora.
Pero nosotros
No nos preocupamos por algo tan pequeño.
Sigo con la vista el movimiento
Imperceptibles cadencias de un frágil universo
Mientras sentado en Riverside
Me acaricia la brisa de abril.

ENCUENTRO VISUAL

No sabemos nada uno del otro
Sin embargo nuestras miradas
Se encuentran y reconocen.
En distintos cuerpos y tiempos nos miramos
Un encuentro se produce
Algo se desata o se conecta en este hilo invisible
En que se encuentran y sostienen
Tu mirada y la mía.

ENCUENTRO INMORAL

Dicen por ahí que está mal
Somos pecadores inmorales
Por gozar con nuestros cuerpos sin reparos
Lo dice la gorra del general
La sonrisa bondadosa del cura
La capa del obispo de la capital
Y los coloridos rumores de vecinas del barrio.
Mientras tanto nosotros
Gozamos de nuestros latidos y ensueños
Con gemidos desvelados hasta el alba.
Dicen por ahí que está mal
Yo solo escucho los ecos pero no sus voces
Que se evaporan en murmullos en el aire.
No puede estar mal si nos da tanta felicidad
Aunque quieran hacernos creer
Que este es un encuentro pecaminoso
Inmoral.
No busquen en esta relación a la inmoralidad
Tal vez ella se esconda
En mentirosas sotanas de humildes parroquias
O suntuosas catedrales
En automóviles con chapas diplomáticas
En las medallas de grandes y pequeños oficiales
O en los escritorios de algunos presidentes y presidentas
De cuyos nombres sería mejor olvidarse.
Dicen por ahí que está mal
Que digan por ahí que está mal.

ENCUENTRO NOCTURNO

Celebro el encuentro de la noche con tu cuerpo
De mis manos con tu piel
Tus puentes y arrecifes
De mi boca con suburbios de ternura
Humedecidas estaciones de remanso.
Celebro el encuentro
De mis piernas con tus muslos y tu abdomen
Mi cadera con la tuya se entiende y gratifica.
Mientras la noche nos ignora
Canto y celebro nuestro encuentro postergado.

RESPONSABLES

Conversando con una poeta una madrugada viajando en tren…

Nuestras Musas a veces
Son las responsables de nuestras pequeñas calamidades
A veces no, siempre
Responsables de imprecisos naufragios
Que nos arrojan a costas impensadas
Desde donde a regresar nos resistimos.
Un poeta feliz se siente tras escribir sus versos
Olvidándose con desdén
Ignorando con magnánima felicidad
Los detalles de la vida cotidiana
La nuestra y la de otros
Sus horarios y obligaciones
Que nos reclaman a gritos
La atención que los versos nos consume.

III RETRATOS

CAMBIOS

A mi madre

Sus cambios me espantan
Me angustian
Me producen una indecible ternura.
Otras veces
Me inducen a dudas o remordimientos
A añoranzas de tiempos idos
Cuando los dos éramos más jóvenes
O acaso yo era tan sólo un niño.
Ahora la ternura se apodera de mí
Mientras caminas sostengo tus manos
Percibo tus pasos
Tus manos acaricio suavemente
Y recuerdo nostálgico
Te siento a mi lado.
Y lloro en silencio.

MIRANDO A UN NIÑO

A la memoria de mi padre

El niño corrió con los brazos abiertos
Con pasos breves, maromas y danzas en el aire
Como para contener el mundo
Con la alegría de un pueblo que recibe al circo
Con balbuceados festejos internos, indescifrables
Corrió a los brazos de su padre.
Mirándolo me vi en ese niño feliz
Yo también corrí así a encontrar tus brazos
Y sentí esa dicha que luego se pierde
Por caminos de niebla
Que nadie te advierte, que nadie predice.
Luego la vida hizo trampas y nos confundimos
Y sentimos ausencias, nostalgias
Nos hicimos reproches y tomamos distancia.
El destino da grises vueltas de humo
Mareado se eleva, desciende y regresa
Nos encuentra cambiados
La alegría es distinta, más sobria
Desde lejos nos miramos
No acierto a atrapar lo que siento
Ni lo que pensamos.

LA POETA

A la memoria de Florence L. Yudín

La poeta desdibujó un silencio
Cometió algunos atropellos sintácticos
Balbuceó entrecortadas pausas y metáforas
Que su Musa le dictaba
Y rió, se carcajeó con absoluta plenitud.
Desde su turbante azul nos iluminó
Con epifanía y ternura, generoso y sutil
El diáfano aire que la merodeaba
La envolvía con cuidado.
Todo se detuvo y
La escuchamos absortos
Embebidos en sus versos
Y en su encanto transportados
Intuí en ese instante
Que desde entonces
La poeta quedaría prisionera en mi mente.

CUMPLEAÑOS

A JD

Cumples un año más lejos de mí
Me duelen estos silencios y caricias no escuchadas
Los llantos que ninguno de los dos ha visto
Los días en que habrás descubierto tus primeras canas
O algún síntoma que te hiciera temer estar envejeciendo.
Crecí lejos de ti buscándote en las dudas
De fantasmas que no tienen pasos ni risas ni llantos
De recuerdos atormentados por olvidos
Que se esconden y aparecen de pronto, cuando menos lo espero
Como las sombras en un bosque
Donde el sol tiene miedo de entrar y morirse.
Cumples un año más sin mí
Desde lejos
Lloro y celebro sin que lo sepas.

ELLA

A Yrene Santos

Ella, mujer, amiga, hembra
Corre descalza, ciega
Lanzándose de un precipicio a otro
Los latidos de su corazón sensible
Delatan su presencia
Creando rimas, metáforas
Pariendo sueños.
Nadie conoce su rumbo
Yo tampoco.
Ella rejuvenece
Reaparece reinventada
Reinventándose en poemas.
Su destino de poeta la seduce
Mientras ella nos embriaga con sus versos
Y continúa su paso
Caminando raudo
Arrastrando musas.
Ella sola, solitaria en la noche.

Sangre de poeta

A Miguel Hernández

Miguel
Como me hubiera gustado conocerte, Miguel
Nombre de barro, Miguel
Sangre de poeta
Con alma de una ventana abierta
Desde donde cantas venciendo injusticias y penas
Miguel de Orihuela, joven pastor poeta
Rayo tierno y sensible que no cesa
Incomprendido, dolorido poeta.
Nos has regalado brisas y esperanzas
Nos has ensenado dignidad, valentía
Valores escasos para ti tan caros
Con tus versos suavizas caídas y llantos
Con tu sangre nos perfumas el alma
Y despiertas universos de ternura que a ti te negaron.
Sangre de rayo
De toro
De ventana abierta
Inolvidable y eterno.

ADOLESCENCIA

A María Palitachi y Karina Rieke

Grises días sórdidas sotanas
Crueles campanas miopes y sordas
Sin cesar repiquetean
Buscan y buscando se desesperan
Y si no lo encuentran inventan un dios.
Tiene tan solo catorce años
Deambula errático
Soñando ausente
Entre espantos de bronce y esfinges escondidas
En tibias y fatigadas hojas
En las hambrientas garras de la calle solitaria
De su sureña ciudad
Donde amenazante se refugia
El gótico y caro colegio católico
Al que sin voluntad ni determinación asiste.
Sus deseos apresuraron su infancia
Y contra su adolescencia arremeten.
Cayendo en un abismo
Los días desatan sus bestias
Todavía congeladas por la soledad.
Sus manos reclaman un reposo
A la delicada memoria que se desangra.
Memoria individual
Familiar
Nacional
Memoria colectiva de

Un país que se desangra
Donde en tenebrosas escuelas
Los alumnos repiten idealizadas lecciones
Irreconciliables con la realidad.
Vertiginosos sus brazos
Cadáveres verticales
Como invisibles muertos
Multiplicándose sin ser vistos
A clandestino destino desfilando
Pero muchos no se percatan
Mientras tanto las tontas campanas
En vano reciclan canticos
Que se camuflan con marchas militares
Con sotanas disimulando manchas de semen
Entre crucifijos y conventos con secretos abortos
Que se dispersan en el aire de tinieblas
Y se mezclan con el terror
Que irremediablemente lo ha contaminado todo.
Un adolescente deambula entre espantos y dudas
Fantasmas escondidos parecen acusarlo
Lo acechan y amenazan
Con impunidad a cada paso.

SOMBRAS Y PECADO

¿Dónde estás esta noche de sombras y pecados?
 Pregunta que vuelve o que nunca se ha ido
Espirales que me siguen desde lejos
Desde siempre.
Noche de sombras y pecados
Que se vuelven culpas o figuras sin nombres ni rostros
Desdibujados en sus contornos y en nuestros deseos
Habitantes de una ciudad sin ríos ni sueños
Creyéndole al tiempo sus palabras
Que juzgamos eternas.
¿Dónde estás
-dónde- esta noche de sombras y pecados?

MAURICIO

A la memoria de Mauricio Canales

Me enteré cuando me bajé del tren
Y me invadió su imagen
Evocando compartidos momentos,
Charlas bailes diversión.
Después del trabajo, llegué a nuestro bar de siempre
Donde hoy todos, todos menos él, brindaríamos en su honor
"Se fue Mauricio" llorando me dijo Carlitos y
Sentí su dolor.
A mí me mordía una oscura tristeza
Hoy estamos todos otra vez aquí
El ya no vendrá.
En el ambiente se escucha su ausencia
Se fue Mauricio, repitió Carlitos
No se van del todo aquellos
Que nos regalaron amor, música y sonrisas
Siempre algo sobrevive entre nosotros.
No te sorprenda que nos encontremos con Mauricio
Una madrugada caminando por la Roosevelt
Y sonriendo nos regale un dibujo y su amistad.

COMO LADY MACBETH

Corrí y lavé mis manos
Queriendo borrar huellas
Dolores y culpas
Atemperar el ánimo espantado
Víctima de miserias de las que somos capaces.
Lady Macbeth frota sus manos
Lavando una culpa ancestral
La escena se repite
A través de los siglos.
La historia circular no me perdona
Y yo también froto mis manos sucias
Avergonzadas y culpables.

CUANDO PIENSA

Para vos

Ella se pone triste cuando piensa
No sabemos por qué
Pero ella se pone triste cuando piensa
Y su música no se apaga pero se esconde
Y hay que esperar a que aparezca
Seducirla con un acto de magia.
Si ella se pone triste cuando piensa
Mejor que en vez de pensar
Escuche las voces que lleva por dentro
Y escriba lo que ellas le dictan
Como lo ha hecho antes
Que lo siga haciendo para deleite
De quienes la leemos
O escuchamos recitar sus versos.
Ya no te pongas triste Poeta cuando pienses
Concédenos tus rimas y nos harás sentir mejor
Y lo más importante
Ya no te pondrás triste Poeta cuando pienses.

HECHOS

Nadie comprendió lo que sucedía.
Ni siquiera hubo un leve presagio
Seguro que Musas astros duendes
Estaban distraídos o muy ocupados.
Las epifanías tampoco estuvieron presentes
En el corazón ni en la mente de los hombres.
Los hechos se precipitaron
Como animales que escapan a un incendio
Aterrados por el calor y el humo.
Todos se equivocaron
Los hombres se alejaron de sus instintos
Y han pagado un precio demasiado alto.

MI QUERIDA CIUDAD

Crimen inseguridad delitos impunes
Navegan tristemente
La gripe A secuestros asesinatos
Uno
Dos
Cinco
Cien
Y desde la Casa Rosada
Los corruptos políticos sonríen con estupidez.
La internación de mi padre
Reproches familiares con palabras duras o sutiles
Me deslizo por el frío del césped
Que no es verde ni blanco
A la calle le duelen los baches ignorados
Por el gobernador de turno
Yo también los ignoro y camino por mi ciudad
Y trato de reconocer un árbol
Aquella pared envejecida
Que en algún pasado me confió un secreto.
La cansada cúpula de una iglesia me mira
Intenta elevarse
Escapar de la ciudad
Y el local donde en mi niñez había un almacén
No me reconoce porque somos distintos
Las ventanas ya no son blancas y no parecen
Ventanas sino huecos olvidados

Por donde a la gente que quise se le escapó la vida.
Me detengo un instante…
No siento el frio de la ciudad sino el otro
El que viene de mí
El que viene de antes.
Una inercia flota en el aire
Contrasta con la multiplicación del crimen y la violencia
Con el revolotear de hojas valientes que desafían al invierno
Con la música que llega de lejos
Y con la falsa tranquilidad
Que los vidrios empañados de las ventanas inspiran.

LUNA SOBRE HARLEM

Caminando por Harlem
La brisa fresca de otoño me acaricia de golpe
Una luna llena me contempla y me aplaude
Mientras me deslizo por una calle empinada
Y siento un vértigo tranquilo y suave
Que contrasta con otros desordenes.
Algo se modifica en mí
Y la luna llena
Llena esta noche de soledad.

EL HOMBRE HERIDO

El hombre herido camina solitario
Nada busca esta noche y si lo busca no lo sabe
Herido por vivencias y fantasmas
Los recuerdos duelen y
En su confusa memoria se tropiezan.
Hombre solitario caminas por la mentirosa vereda
En esta ciudad que no es tuya
Inventando pasos que no te reflejan
Con este agobio que no te soporta
Con este rostro que no te conoce.
Hombre herido, niño olvidado
En el espejo no quiero encontrarte
Y frente a frente admitir
Que ese hombre y yo somos el mismo.

VÉRTIGO

El me buscó a mí
A pesar de sus pocos años
Me tomó desprevenido pero no indiferente
Pienso que se aburren conmigo
Con el subjuntivo, las metáforas
Y la gramática española
Sin embargo me buscó
Y me encontró a los cuarenta
Con la vida complicada
El corazón con algunos despojos
Con mis pasos que a menudo
Critican el rumbo que les impongo
Con mi voz que ha aprendido
A ser amiga del silencio
Y con mis manos que tuvieron que resignarse
A no acariciar a quien tanto amaron.
Me encontró entre poemas míos y ajenos
Y otros que ya son casi míos
Por haberlos leído tanto
Con recuerdos que confundo
Con deseos que se van sin saludarme
Y sentí el vértigo de dos décadas
Que se me vinieron encima.

La Woolf

Tus horas y tus dobles pasos
Tus voces y tus miedos
Vanessa y Leonard
¿Quién puede temerte, Virginia?
Tu percepción de la luz
Del paso del tiempo y sus horas
Tu ironía y elegancia nos sorprenden.
No te temo.
Te busco con ahínco en tus páginas
Y en bibliotecas mundanas
Me deleito en tu prosa magistral
Me adentro en tu idioma y en tu Londres.
Inigualable
Sublime
Me glorifica leerte
Adivinar tus huellas
Y perseguir la luz y las olas
Que acariciando tus voces van.

LEAVING MIAMI

A María Vannini y Luis Alday

Shining
Beautiful Miami shines
Brillas y me encandilas
Siento el ritmo de tu sangre dentro de mí
Your blood burning my bones
Boiling mis huesos
Te camino y bailo
Con el sabor de tus calles y playas
Al ritmo de un cuba libre
De un mojito or may be una margarita azul.
Tu mar de verdes profundos me embriaga
Y sin darme cuenta
Levemente
Floto por Lincoln Road y make a left on Collins Ave
Up to mi querida Normandy Isle
But before reaching Bay Drive
Me detengo
Just for a sec en el diminuto puente
Que parece salido de un cuento
De un sueño
O de un cuadro de Dalí.
Te camino y bailo como si me hubiera bajado el santo
Por tus calles y playas
Avenidas y parques
Expressways y canales.
Yeah, beautiful Miami shines

Y atrapo el paso escondido de tu variada multitud
Y percibo
I just know it
Intuyo con certeza
Que mi romance contigo no ha terminado
Me siguen seduciendo tus luces y colores
Tus acentos variopintos
Tu calor desmedido
Tu mar desmesurado
Tus playas que me hablan y susurran
Con idiomas y dialectos
Tus aromas inventados
Tus amores y sabores.
Quiero correr descalzo en tu arena with my buddies
Conversar con tus gaviotas y delfines
Manatíes perezosos que desde el mar are watching us
Iguanas de mil colores, milenarias hechiceras
Y furtivos timid lizzards running away, hidding.
Always hidding.
Quiero con vehemencia hung out
Con entrañables amigos que me has regalado
Perderme sin prisa en tus bares
Happy hours
Happy people
Happy us
Lost in translation

Or in the fifth drink served por tú sábe quién
You know claro que you know
And then reconocerte en años vividos
En los que he crecido y he sido feliz.
Grown up. Yes, I have!
Hoy tomo distancia pero tú sábe mami, no me voy
Ain't no leaving
You know me
Me llevo tus playas y sus olas
Your sunshine
Tu spanglish
Tu sol
Y sin irme del todo (something always queda de mí aquí)
Me alejo de ti con una nostálgica sonrisa.